Reich werden

Das Praxishandbuch

Von Schulden

zur finanziellen Freiheit

Finanzübersicht

Schuldenplan

Vermögensaufbau

Geldmanagement

von

Tim Glaap

Reich werden

Das Praxishandbuch

Tim Glaap

Reich werden – Das Praxishandbuch

Von Schulden zur finanziellen Freiheit

Dieses Buch ist als Taschenbuch und E-Book erhältlich.

Impressum

Autor: Tim Glaap, Triftstr. 8, 45357 Essen

Lektor: Martina Obst

1. Auflage

Deutsche Erstausgabe September 2018

Druckort: Amazon Europe in Luxemburg

ISBN: 978-1-720-01105-7

Imprint: Independently published

Das Werk, einschließlich seiner Teile, ist urheberrechtlich geschützt. Jede Verwertung ist ohne Zustimmung des Autoren unzulässig. Dies gilt insbesondere für die elektronische oder sonstige Vervielfältigung, Übersetzung, Verbreitung und öffentliche Zugänglichmachung.

Die Deutsche Nationalbibliothek verzeichnet diese Publikation in der Deutschen Nationalbibliografie; detaillierte bibliografische Daten sind im Internet über

http://dnb.d-nb.de abrufbar.

Buchserie

Das Praxishandbuch

- Band 1. Reich werden – Das Praxishandbuch - Von Schulden zur finanziellen Freiheit

Inhaltsverzeichnis

Vorwort..S.9

1. Ihre aktuelle finanzielle Situation................................S.13

    1.1 Was ist finanzielle Freiheit?..............................S.14

    1.2 Was sind Schulden?...S.15

    1.3 Die Schuldenfalle und der Schuldenkreislauf................S.18

    1.4 Schulden sichten...S.20

    1.5 Schuldenplan...S.24

2. Plan über Einnahmen und Ausgaben (Finanzübersicht)............S.26

    2.1 Einnahmen..S.27

    2.2 Ausgaben...S.30

    2.3 Sparen...S.39

    2.4 Spaßgeld...S.51

3. Kosten senken...S.57

4. „Mehrere Kontenmodell"...S.64

5. Kluges Sparen...S.69

6. Häufige Fehler..S.72

7. Schlusswort...S.78

8. Vorlagen..S.79

Vorwort

Das Problem der meisten Menschen ist, dass sie keinen oder nur einen geringen Überblick über ihre eigenen Finanzen haben. Sie kennen ihre Einnahmen, hauptsächlich ihr Gehalt und ein paar fixe Ausgaben wie Miete, Strom, Versicherung etc. Damit hört es dann aber auch schon auf. Einen genauen „Plan" haben sie nicht. Keine Finanzübersicht und keine Haushaltskasse. Von einem Schuldenplan haben sie auch noch nichts gehört.

Sie schauen ab und zu auf ihr Konto, sehen dort noch 500,00 EUR und denken sich: „Es ist ja noch was da. Also kann ich mir das neue Handy noch kaufen". Ein paar Tage später, ein paar Lastschriften mehr und ihr Konto ist im Minus. Im schlimmsten Fall haben sie nur ein einziges Konto, auf dem ihr Gehalt eingeht, alle fixen Kosten bezahlt werden, von dem Geld zum Leben und zum „Vergnügen" wie Kinobesuche abgehoben wird. Ab und zu versuchen sie auch, etwas zu sparen. Aber im Großen und Ganzen kommt nichts dabei rum. Sparen und Geld beiseite legen hat noch nie so wirklich geklappt. Irgendwie ist am Monatsende immer das ganze Geld weg oder das Konto ist sogar im Minus. Und wenn mal etwas angespart wurde, ist es meistens auch schnell wieder verbraucht.

Wenn Sie sich in dieser Beschreibung wiederfinden, kann ich Ihnen Folgendes sagen:

Lassen Sie sich nicht von Ihren Finanzen beherrschen - beherrschen Sie Ihre Finanzen! Verschaffen Sie sich einen Überblick. Sie müssen etwas ändern! So geht es nicht weiter! Nur so werden Sie Ihre Schulden los. Nur so können Sie anfangen, etwas für sich zu tun. Nur so können Sie effektiv sparen und investieren. Nur so werden Sie finanziell frei.

Sie fragen sich jetzt vielleicht: „Wie soll ich das denn schaffen?" Kein Problem. Sie haben dieses Buch gekauft und damit bereits den ersten Schritt getan. Und jeder weiß: Der erste Schritt ist meistens der Schwerste.

Bitte denken Sie jetzt nicht, dass Sie dieses Buch lesen, mit dem Finger schnipsen und all Ihre Probleme sind gelöst. Sie müssen Ihre „Komfortzone'" verlassen! Wenn man anfängt, seine Komfortzone zu verlassen, wenn man anfängt, etwas zu tun, dann hat man Erfolg. Sie müssen sich verändern und ich helfe Ihnen dabei. Denn so wie Sie jetzt sind, wie Sie denken, wie Sie handeln, werden Sie keine finanzielle Freiheit erlangen. Wenn Sie sich nicht verändern, dann ändert sich nichts! Sie können mehr verdienen, Sie können einen besseren Job finden, aber an Ihrer finanziellen Situation wird sich nichts ändern. Egal wie viel Geld Sie einnehmen. Sie müssen Ihr Denken und Ihr Handeln verändern! Wenn Sie immer genau so viel ausgeben wie Sie einnehmen, oder im schlimmsten Fall sogar noch mehr ausgeben als Sie einnehmen, dann ist es egal, ob Sie im Monat ein Nettogehalt von 1.600,00 EUR oder 4.000,00 EUR erhalten. Am Ende ist alles weg und Ihr Ziel: Raus aus den Schulden und rein in die finanzielle Freiheit rückt immer weiter in die Ferne. Glauben Sie nicht, Sie verdienen einfach zu wenig Geld. Im Gegenteil. Die meisten Menschen verdienen genug Geld. Das Problem ist, sie geben nur alles wieder aus.

Sie müssen jetzt etwas ändern, nicht morgen nicht übermorgen. JETZT! Also fangen wir an. Lassen Sie uns zusammen Ihren Schuldenplan, Ihren Finanzplan und Ihren Sparplan erstellen.

Also fangen wir an zu arbeiten. Ich benutze hier gezielt das Wort „arbeiten", weil es Arbeit wird.

1. Ihre aktuelle finanzielle Situation

Um einen Überblick über Ihre finanzielle Situation zu bekommen, müssen Sie sich zwangsläufig mit Ihren Einnahmen, Ausgaben und Schulden beschäftigen. Und zwar mit allen Einnahmen, Ausgaben und Schulden - ohne Ausnahmen. Es müssen auch die jährlichen einmaligen oder quartalsweisen Kosten berücksichtigt werden. Und damit möchte ich Ihnen nun helfen. Wir werden Schritt für Schritt ein Modell zur finanziellen Übersicht erstellen, das Ihnen helfen wird, die Kontrolle über Ihre Finanzen zu übernehmen. Haben Sie erst die Kontrolle über Ihre Finanzen zurückgewonnen, gelingt es Ihnen ganz einfach nach und nach aus den Schulden herauszukommen und in die finanzielle Freiheit zu gelangen. Ohne eine solche Übersicht werden Sie niemals die Kontrolle gewinnen. Sie werden auf ewig von Ihren Finanzen kontrolliert. Und seien wir ehrlich, das will niemand. Fast jeder wünscht sich finanzielle Freiheit.

Aber bevor wir starten, erläutern wir erst einmal den Begriff finanzielle Freiheit.

1.1 Was ist finanzielle Freiheit?

Diese Frage kann man nicht pauschal beantworten, da jeder seine finanzielle Freiheit anders interpretiert. Für den einen ist finanzielle Freiheit, sich für den Notfall abgesichert zu wissen. Für den anderen ist finanzielle Freiheit, sich alles leisten zu können, was man möchte. Einige definieren finanzielle Freiheit als Unabhängigkeit, also auf niemanden angewiesen zu sein. Für andere ist finanzielle Freiheit der frühe Ruhestand. Die Antworten sind vielfältig, da jeder eine andere Vorstellung von finanzieller Freiheit hat. Aber eines haben die meisten gemeinsam: den Kern. Nämlich die Freiheit. Jeder möchte sich frei fühlen.

Was ist finanzielle Freiheit für Sie? Was sind Ihre Vorstellungen, Ihre Träume? Denken Sie darüber nach und setzten Sie sich Ihre eigene finanzielle Freiheit als Lebensziel. Machen Sie Ihre eigene Freiheit zu Ihrer Aufgabe und Sie werden Sie erlangen. Es wird nicht unbedingt leicht, meist geht es auch nicht von heute auf morgen. Aber der Weg lohnt sich!!! Die eigene finanzielle Freiheit erreicht zu haben, ist eines der schönsten Gefühle, die es gibt! Tun Sie sich selbst einen Gefallen und versuchen Sie es. Nein, versuchen Sie es nicht nur, schaffen Sie es! Machen Sie es!

Bevor wir finanzielle Freiheit erlangen, müssen wir uns zunächst mit dem Gegenteil der finanziellen Freiheit beschäftigen: den Schulden.

1.2 Was sind Schulden?

Schulden im Sinne von Geldschulden sind alle Rückzahlungsverpflichtungen gegenüber Gläubigern. Zu den Gläubigern gehören unter anderem all jene, von denen Sie sich Geld geliehen haben: Kreditinstitute, Privatpersonen, auch Freunde und Verwandte. Als Schulden gelten ebenso Konsumkäufe auf Raten, wie zum Beispiel die Nullprozentfinanzierung oder der Kauf auf Rechnung. Auch Gegenstände, die Sie mit fremden Geld „gekauft" haben oder Zahlungsverpflichtungen, die aufgeschoben wurden, zum Beispiel: Zahlungsziel der Rechnung 30 Tage, zählen zu den Schulden.

Je nach Art und Umfang kann sich im Laufe der Zeit so eine gewaltige Summe anhäufen. Viele Menschen haben auch nicht nur einen, sondern gleich zwei oder drei Kredite. Dazu kommen noch die ständig ausgelastete Kreditkarte und das überzogene Girokonto sowie die auf Rechnung gekauften Produkte. Das Problem ist nicht, dass die monatlichen Verpflichtungen und Raten immer höher werden. Nein - auch teure Nebenkosten, wie Zinsen, Gebühren und Versicherungen fallen an. Und dies kann man von vornherein mit einem gut gemeinten Rat vermeiden. Machen Sie keine Konsumschulden! Kaufen Sie nicht, was Sie sich nicht leisten können! Auf keinen Fall! Raten Sie, warum viele Menschen heutzutage so hoch verschuldet sind? Weil sie sich Konsum und

Luxus gönnen, den sie sich nicht leisten können. Sie schaffen es nicht mit eigenen Mitteln und nehmen dafür Kredite auf, um ihre Konsumgier zu stillen. Nur wenige unter den hoch verschuldeten Menschen kamen in diese Schulden-Misere durch Not. Fakt ist, den Großteil aller Schulden, hätte man sich mit etwas mehr Disziplin und Zurückhaltung sparen können.

Das Problem unserer heutigen Zeit ist jedoch die Einstellung der Menschen. Ich höre immer häufiger, dass es doch mittlerweile völlig normal sei, verschuldet zu sein. Wer ist denn nicht verschuldet? Doch nur diese Superreichen. Und ja, es stimmt. Und warum sind diese nicht verschuldet? Weil Sie es besser wissen!!! Sie wissen, wie man mit Geld umgeht. Wenn Sie auch denken, dass es doch normal sei Schulden zu haben und Sie sich damit rechtfertigen, den nächsten Kredit für eine neue Küche oder ein neues Auto aufzunehmen, sage ich Ihnen, Sie sollten dringend Ihre Einstellung ändern! Es ist nicht normal, Schulden zu haben. Schulden sind schlecht, und sie sind genau das Gegenteil von finanzieller Freiheit. Schulden bedeuten Abhängigkeit, Verpflichtungen und Druck. Das ist keine Freiheit, die Sie sich da „leihen". Es steckt ja schon im Wort an sich „Schulden" = „Schuld". Sie sind am Ende selbst Schuld, wenn Sie Ihre finanzielle Freiheit aufgeben und in die finanzielle Abhängigkeit gehen. In den allermeisten Fällen ist das nicht nötig.

Mein Tipp und gleichzeitig meine Bitte an Sie: Leihen Sie sich kein Geld für Luxus und Konsumgüter. Wenn Sie gerade nicht 800,00 EUR für einen neuen TV aufbringen können, dann kaufen Sie ihn nicht! Überziehen Sie dafür nicht Ihr Konto, benutzen Sie nicht die Kreditkarte, sondern lassen Sie bitte Ihre Finger davon. Denn ehe Sie sich versehen, stecken Sie schon in der Schuldenfalle. Falls Sie unverschuldet durch Krankheit, Tod oder Scheidung in diese Situation gelangt sind, ist das selbstverständlich etwas Anderes. Aber vermeiden Sie Konsumschulden. Selbst wenn Sie vielleicht momentan die Tilgungsrate vom neuen Auto locker stemmen können, heißt das nicht, dass dies auch zukünftig so sein wird. Es muss nur ein Schicksalsschlag dazwischen kommen und schon haben Sie ein Problem. An die Tilgung sind Sie Jahre gebunden, auch wenn Sie nicht mehr genug Geld haben.

1.3 Die Schuldenfalle und der Schuldenkreislauf

Was ist die Schuldenfalle beziehungsweise der Schuldenkreislauf? Von der Schuldenfalle spricht man, wenn eine Person so viele Schulden angehäuft hat, das diese nicht mehr in der Lage ist, ihren monatlichen Verpflichtungen nachzukommen. Man kann nicht mehr genug finanzielle Mittel aufbringen, um seine Schulden zu tilgen und seinen Lebensunterhalt zu decken. Manche Menschen müssen 30 %, 50 % oder sogar mehr ihres monatlichen Nettoeinkommens an Tilgungszahlungen aufbringen. Es ist für sie fast nicht mehr möglich, Miete, Strom und Lebensmittel zu finanzieren. Am Monatsende bleibt zu wenig Geld zur Verfügung und es müssen neue Schulden aufgenommen werden, um die bestehenden Schulden zu bezahlen. So häufen sich immer weitere und stetig steigende Verpflichtungen an. Der Schuldenkreislauf ist geschlossen. Die Schulden verringern sich nicht. Stattdessen wächst der Schuldenberg Monat für Monat immer weiter. Hinzu kommen noch Zinsen, Gebühren, Mahnkosten und sonstige Kosten. Das ist der Zeitpunkt, zu dem viele Menschen ihren Mut verlieren, ihre Briefe nicht mehr öffnen und nicht mehr auf Ihre Gläubiger reagieren. Am Ende steht der Gerichtsvollzieher vor der Tür und pfändet ihr Eigentum.

Wichtig ist, so schnell wie möglich diesen Kreislauf zu durchbrechen. Je länger Sie im Schuldenkreislauf gefangen sind, umso schwieriger wird es zu entkommen. Einige hilfreiche Methoden, um aus dieser Bredouille zu gelangen, finden Sie nachfolgend.

Bringen Sie zunächst einmal Ihre eigenen Finanzen auf Vordermann und erstellen Sie einen übersichtlichen und strukturierten Finanzplan. Mit Ihrem Finanzplan haben Sie einen perfekten Überblick über Ihre aktuelle finanzielle Situation, erkennen Einsparmöglichkeiten, können Ihre Kosten reduzieren und Ihre Schuldentilgung planen. Falls Sie mit Hilfe dieses Buches und trotz Erstellung Ihres eigenen Finanzplans sowie anschließenden Kostensenkungen noch immer erhebliche Probleme haben, einen Ausweg aus der Schuldenfalle zu erkennen, empfehle ich Ihnen, sich zusätzlich professionelle Hilfe eines Schuldnerberaters einzuholen. Der Schuldenberater kann mit Ihnen individuell nach Möglichkeiten suchen und eine geeignete Strategie entwickeln. Als erste Anlaufstelle empfehle ich Ihnen die Caritas. Nehmen Sie die Möglichkeit von kostenlosen Erstgesprächen wahr. Trauen Sie sich! Es wird sich lohnen! Wagen Sie sich aus dem Schuldenkreislauf. Auch wenn das ein harter Weg sein kann.

Vielleicht schaffen Sie es auch aus eigener Kraft! Das wünsche ich Ihnen von Herzen und dabei helfe ich Ihnen. Wichtig ist es vor allem, Ihre eigenen Schulden zu sichten und alle Verbindlichkeiten zu dokumentieren.

1.4 Schulden sichten

Schnappen Sie sich einen Stift und einen Zettel oder starten Sie Ihren PC. Öffnen Sie sämtliche Briefe und schauen Sie nicht mehr weg! Auch wenn es Ihnen am Anfang vielleicht Angst machen sollte, oder es unangenehm wird. Sie müssen all Ihre Schulden sichten.

Schreiben Sie in einer Tabelle alle Verpflichtungen, mit Namen, Betrag und Zahlungsziel untereinander. Addieren Sie zu dem Betrag direkt bereits anfallende Mahngebühren und Zinsen.

Beispiel Auflistung aller Verpflichtungen:

Name	Summe	Zahlungsziel	Rate
Kredit bei der XBank	10.000,00	7 Jahre	120,00 monatlich
Darlehen Bruder	1.000,00	unbekannt	nicht abgesprochen
Dispositionskredit	600,00	unbefristet	keine
TV auf Raten	1.500,00	3 Jahre	42,00 monatlich
Online Shopping	200,00	30 tage	200,00 voller Betrag
Nebenkostenabrechnung	655,00	einen Monat überfällig	655,00 voller Betrag
Handyvertrag	69,00	15 Tage überfällig	69,00 voller Betrag

Jetzt haben Sie eine grobe Übersicht Ihrer Schulden und können diese ordnen. An oberster Stelle führen Sie bitte die wichtigsten Punkte auf, nämlich jene Zahlungen, deren Zahlungsziel bereits verstrichen ist. Begleichen Sie diese möglichst zuerst, um Mahngebühren und weitere Konsequenzen zu vermeiden. Danach folgen die Zahlungen, die in nächster Zeit fällig werden.

Es gibt Schulden die eigentlich keine Tilgung vorsehen und in einer Summe bezahlt werden müssen. Kauf auf Rechnung. Die nicht bezahlte Handyrechnung und so weiter. Diese Schulden sollten auf jeden Fall zusammen mit den bereits fälligen Zahlungsverpflichtungen ganz oben auf Ihrer Übersicht stehen.

In der Mitte Ihrer Übersicht notieren Sie Ihre Schulden mit festen Tilgungsplänen, wie den Ratenkredit, bei dem jeden Monat 120,00 EUR getilgt werden. Dieser Betrag ist meistens fest und nicht veränderbar.

Am Ende Ihrer Tabelle listen Sie die Schulden auf, bei denen die Rückzahlung stark variiert und bei denen Sie Einfluss auf die Höhe und das geplante Rückzahlungsdatum haben. Beispiel hier: Das Darlehen vom Bruder oder Dispositionskredite.

Gut sortiert sieht Ihre Übersicht so aus:

Name	Summe	Zahlungsziel	Rate
Nebenkostenabrechnung	655,00	einen Monat überfällig	655,00 voller Betrag
Handyvertrag	69,00	15 Tage überfällig	69,00 voller Betrag
Online Shopping	200,00	30 tage	200,00 voller Betrag
TV auf Raten	1.500,00	3 Jahre	42,00 monatlich
Kredit bei der XBank	10.000,00	7 Jahre	120,00 monatlich
Dispositionskredit	600,00	unbefristet	keine
Darlehen Bruder	1.000,00	unbekannt	nicht abgesprochen

Durch die Sortierung Ihrer Schulden besitzen Sie nun eine genaue Übersicht, welche Verpflichtungen wann und in welcher Summe fällig werden oder ob deren Fälligkeit bereits abgelaufen ist.

Jetzt werden Sie aktiv. Nehmen Sie Kontakt mit Ihren Gläubigern auf. Sofern Sie Ihre Schulden nicht direkt in einer Summe begleichen können, bitten Sie um Stundung (Ratenzahlung) der offenen Beträge. Zeigen Sie Mut und Zahlungsbereitschaft. Die meisten Gläubiger lassen sich meist auf eine Stundung ein, weil sie Ihre Kontaktaufnahme positiv bewerten und die Aussicht auf die Zahlung der offenen Beträge den Gläubiger kooperativ stimmt.

Es ist jetzt äußerst wichtig, dass Sie sich nicht zurückziehen und defensiv bleiben. Werden Sie aktiv und trauen Sie sich! Wenn Sie es nicht alleine schaffen, fragen Sie einen vertrauten Menschen, ob er Ihnen dabei hilft. Verwandte oder Freunde, die Ihnen nahe stehen. Schreiben Sie zusammen Briefe an Ihre Gläubiger, klären Sie die Angelegenheit am Telefon oder persönlich. Egal auf welchem Weg, aber machen Sie es! Fühlen Sie sich nicht schuldig, weil Sie um eine Stundung oder etwas Aufschub bitten. Sie schaffen das. Ich glaube an Sie!

Nachdem Sie alle Gespräche geführt haben und nun Klarheit darüber besitzen, welche Summe Sie mindestens monatlich aufbringen müssen, um allen Gläubigern gerecht zu werden, erstellen Sie Ihren endgültigen Schuldenplan.

1.5 Schuldenplan

Im Schuldenplan sind alle Ihnen bekannten Schulden mit Namen, Betrag, genauem Zahlungsziel und monatlicher Tilgungsrate aufgeführt.

Beispiel für einen Schuldenplan (Vorlagen finden Sie unter Kapitel acht):

Name	Summe	Zahlungsziel	Rate
Handyvertrag	69,00	sofort	69,00 voller Betrag
Nebenkostenabrechnung	655,00	3 Monate	218,00 monatlich
Online Shopping	200,00	5 Monate	40,00 monatlich
TV auf Raten	1.500,00	3 Jahre	42,00 monatlich
Kredit bei der XBank	10.000,00	7 Jahre	120,00 monatlich
Dispositionskredit	600,00	unbefristet	keine
Darlehen Bruder	1.000,00	unbefristet	erst einmal keine

Bei Ihrem Handy-Anbieter hatten Sie leider keinen Erfolg. Dieser verlangt den offenen Betrag und zwar sofort. Diese Summe sollten Sie schnellstmöglich begleichen.

Mit Ihrem Vermieter konnten Sie vereinbaren, die Nebenkostenabrechnung auf drei Monate zu verteilen und zusammen mit den nächsten Monatsmieten zu überweisen. Auch beim Online-Shopping-Anbieter hatten Sie Erfolg und können den Betrag auf fünf Monate verteilen.

Beim Ratenkredit und dem TV Kauf auf Raten können Sie leider nichts machen. Diese Tilgungen sind fest und unveränderlich.

Ihr Bruder hatte Verständnis und verlangt sein Geld in nächster Zeit erst einmal nicht zurück. Es heißt nicht, dass er es Ihnen schenkt. Er verschiebt die Rückzahlung lediglich auf unbestimmte Zeit. Vergessen Sie das bitte nicht. Irgendwann wird dieser Betrag fällig. Auch wenn es sich um Verwandte oder Freunde handelt.

Nun wissen Sie, welche Beträge auf jeden Fall in den nächsten Monaten fällig werden.

Der nächste Schritt ist jetzt die Erstellung Ihres Finanzplans. Ihre Finanzübersicht enthält alle Einnahmen und Ausgaben und sorgt dafür, dass Sie am Ende des Monats nicht erneut ohne Geld dastehen. In diesem Plan finden sich auch Ihre soeben berechneten Tilgungsraten wieder. Also machen wir weiter.

2. Plan über Einnahmen und Ausgaben (Finanzübersicht)

Lassen Sie uns beginnen mit einer Übersicht, die wir Schritt für Schritt passend zu Ihrer finanziellen Situation entwerfen und immer weiter ausbauen. Benutzen Sie dafür am besten Excel oder ein anderes passendes Programm. Wenn Sie die klassische Methode bevorzugen, schnappen Sie sich Stift und Papier oder verwenden Sie eine der Vorlagen unter Kapitel acht.

Für eine gut strukturierte Übersicht teilen wir unsere Einnahmen und Ausgaben in unterschiedliche Kategorien ein. Fangen wir mit den Einnahmen an. Für das bessere Verständnis erstellen wir die Finanzübersicht anhand einer fiktiven Familie – Familie Mustermann. Diese besteht aus Herr Mustermann, Frau Mustermann und einem Musterkind.

Der Anfang einer solchen Übersicht könnte folgendermaßen aussehen:

2.1 Einnahmen

Übersicht zur aktuellen finanziellen Situation (Finanzübersicht):

Einnahmen

Nettogehalt Mustermann	1.600,00
Nettogehalt Musterfrau	900,00
Kindergeld Musterkind	194,00
Summe Einnahmen	**2.694,00**

Die oben genannten Einnahmen entsprechen den sicheren monatlichen Zahlungseingängen auf Ihrem Konto. Mit diesen Einnahmen können Sie jeden Monat zu 99 % rechnen. Wenn Sie angestellt sind, haben Sie in der Regel ein gleichbleibendes monatliches Gehalt, das Ihr Arbeitgeber Ihnen am Anfang oder Mitte des Monats auf Ihr Konto überweist. Einmal-Zahlungen wie Urlaubsgeld, Weihnachtsgeld oder das 13te Gehalt und sonstige unregelmäßige Einnahmen lassen wir bei dieser Berechnung erst einmal außen vor. Dazu kommen wir später.

Wenn Sie sich nun denken. Hey, ich bin selbstständig. Ich habe kein festes „Gehalt". Ich habe jeden Monat unterschiedlich hohe

Gewinne. Dann nehmen Sie an dieser Stelle meinen Rat an. Zahlen Sie sich auch als Selbständiger ein monatliches „Gehalt". Sie brauchen eine Konstante in Ihrem Leben. Nehmen Sie sich dazu das letzte Wirtschaftsjahr oder den aktuellen zu erwartenden Gewinn und zahlen sich von dem Gewinn anteilig jeden Monat 30 % bis 40 % aus. Der Rest wird für Steuern, Anschaffungen und finanziellen Spielraum Ihres Unternehmens benötigt.

Beispiel: Sie rechnen mit einem Jahresgewinn von 50.000,00 EUR. Diesen teilen Sie nun durch 12 Monate. Dies macht gerundet einen monatlichen Gewinn von 4.166,00 EUR. Von diesem zahlen Sie sich nun 30 % bis 40 %, also 1.250,00 EUR bis 1.666,00 EUR monatlich von Ihrem Geschäftskonto auf Ihr Privatkonto. Es ist Ihre äußerste Pflicht, dass Sie Ihre geschäftlichen Finanzen von Ihren privaten Finanzen trennen. Sie brauchen unbedingt zwei Konten: ein Geschäftskonto und ein Privatkonto.

Auch wenn Sie zurzeit keiner Beschäftigung nachgehen und Zahlungen von staatlichen Organisationen erhalten, haben Sie auch hier ein monatliches Einkommen.

Alle addierten monatlichen Einnahmen ergeben die Summe der Einnahmen. Dieses Geld steht Ihnen jeden Monat zur Verfügung um davon Ihren Lebensunterhalt zu bestreiten, zu sparen, Ihre Schulden zu begleichen und Spaß zu haben. Nicht mehr, aber auch nicht weniger. Geben Sie monatlich auf keinen Fall mehr Geld aus als diese errechnete Summe. Sonst machen sie Schulden. Wenn Sie jetzt denken: „Toll, das ist ja eine nette Summe, die ich jeden Monat zur Verfügung habe!", dann muss ich Sie hier etwas bremsen. Warum? Im nachfolgenden Kapitel widmen wir uns Ihren Ausgaben.

2.2 Ausgaben

Sie ergänzen Ihre Tabelle nun um die monatlichen und jährlichen Kosten. Jährliche Einmalzahlungen werden dabei geteilt durch 12 Monate. Beispiel: Wohngebäude-Versicherung bei einem Haus – jährliche Einmalzahlung 900,00 EUR. In unserer Tabelle wird diese Summe durch 12 (Monate) dividiert und mit monatlich 900/12 = 75,00 EUR berücksichtigt.

Alle jährlichen Kosten dividieren Sie jeweils durch 12 Monate, so dass Sie einen monatlichen Betrag erhalten. Sie verlieren den Überblick, wenn Sie keine monatliche Berechnungsgrundlage haben. So gehen Sie ebenfalls bei halbjährlichen oder quartalsweise fälligen Beträgen vor. Stellen Sie sich vor fast jeden Monat würde ein anderer Jahresbeitrag fällig werden, hier eine Versicherung, da die Kfz-Steuer, dann die Kfz-Versicherung. Haben Sie Ihre Jahresbeträge auf einen Monatsbetrag umgerechnet, ist es ganz einfach, jeden Monat einen festen Betrag zur Seite zu legen und die jährlichen Abbuchungen fallen Ihnen gar nicht weiter auf, da Sie schon vorgesorgt haben. Nie wieder müssen Sie sich fragen, wie Sie den nächsten Jahresbeitrag zahlen oder wie weit Ihr Konto jetzt schon wieder ins Minus rutscht. Sie haben die volle Kontrolle über Ihre Ausgaben und sind auf dem besten Weg Ihre finanzielle Freiheit zu erlangen!

Unterteilen Sie die Ausgaben bitte in folgende Punkte :

1. **Wohnung und Hauskosten**

2. **Schulden/Kredite**

3. **Mobilität**

4. **Lebensführung**

5. **Sonstige Kosten**

6. **Sonstige Versicherungen**

Ihre Tabelle könnte jetzt folgendermaßen aussehen:

Übersicht zur aktuellen finanziellen Situation

Einnahmen

Nettogehalt Mustermann	1.600,00
Nettogehalt Musterfrau	900,00
Kindergeld Musterkind	194,00
Summe Einnahmen	**2.694,00**

Ausgaben

1. Wohnung und Hauskosten

Miete warm	600,00
Strom	80,00
Festnetz und Kabel	60,00
GEZ	18,00
Hausratversicherung	20,00

2. Schulden/Kredite

Darlehen XBank	100,00
Bruder Rate	50,00
Dispositionskredit	50,00
Raten für TV	25,00

3. Mobilität

    Kfz-Versicherung   80,00

    Kfz-Steuer   10,00

4. Lebensführung

    Essen und Trinken   500,00

    Haushaltskosten   100,00

    Tanken   200,00

    Haustier   80,00   Summe Lebensführung 880,00

5. Sonstige Kosten

    Handyverträge   40,00

    Fitnessstudio   20,00

    Musikstreaming   10,00

6. Sonstige Versicherungen

    Privathaftpflicht   10,00

    Krankenhaustagegeld 10,00

Summe Ausgaben   **2.063,00**

Differenz Einnahmen und Ausgaben 631,00

Sie sind sich vielleicht unsicher, welche Kosten Sie unter den vorgenannten Punkten 1 bis 6 auflisten sollen. Nachfolgend erkläre ich Ihnen umfassend, welche Positionen Sie zu den einzelnen Punkten zuordnen können.

1. „Wohnung und Hauskosten" sind alle Kosten, die zum Erhalt Ihrer Unterkunft dienen. Ob Mietwohnung oder Eigenheim - jede Behausung kostet Geld. Dazu zählen u.a. Ihre Miete, die monatlichen Stromkosten, Ihre Festnetz- und Kabelverbindung, die GEZ, die Neben- und Heizkosten sowie Ihre Darlehensrate des Hauses oder der Wohnung (diesen Betrag führen Sie bitte hier auf, weil die Darlehensrate zu den Hauskosten und nicht zu den Schulden zählt). Alle Kosten, die im Laufe des Jahres bezüglich Ihrer Wohnung anfallen, führen Sie bitte hier auf.

2. Unter der Position „Schulden und Kredite" fassen Sie bitte sämtliche Schulden zusammen, wie zum Beispiel Ihre Kreditkarte, die mit monatlichen Beträgen abgezahlt wird. Auch Ihr Dispo den Sie ausschöpfen und der Ratenkauf eines Gegenstandes sowie Kredite bei der Bank führen Sie unter dieser Rubrik auf.

Schulden, die bereits monatlich mit einem Betrag getilgt werden, notieren Sie bitte einfach als monatliche Belastung. Bei Kreditkarten und Dispositionskrediten sieht es etwas anders aus. Hier haben Sie keine monatlichen Raten. Sie legen selbst einen Betrag fest, den Sie gedanklich auf Ihrem Konto lassen, um nach und nach den Dispositionskredit auszugleichen, falls Sie dies nicht in einer Summe können. In diesem Punkt der Übersicht findet sich eins zu eins Ihre vorher berechnete Schuldenübersicht wieder.

3. Unter „Mobilität" führen Sie alle Kosten auf, die Sie aufbringen, um mobil zu bleiben. Die Kfz-Versicherung, die Kfz-Steuer oder auch Bahn- und Busfahrkarten, zum Beispiel das Monatsticket Ihres Kindes. Sie werden hier sicherlich die Benzinkosten vermissen. Diese finden Sie unter den Kosten zur Lebensführung. Lassen Sie mich kurz erklären, warum das so ist. Ihre Kfz-Versicherung, Ihre Kfz-Steuer oder Ihr Monatsticket unterliegen in der Regel keinen monatlichen Schwankungen. Ihre Benzinkosten werden bedingt durch schwankende Benzinpreise und individuellem Fahrverhalten jedoch monatlich immer unterschiedlich hoch ausfallen. Für die Kosten zur Lebensführung legen Sie eine separate Haushaltskasse an (dazu gleich mehr), mit der Sie alle sehr schwankenden Kosten wie Essen, Trinken, Pflegeprodukte und so weiter bezahlen. Folgerichtig gehört das Benzin damit ebenfalls zur Lebensführung beziehungsweise als Kosten aufgeführt unter der Rubrik Haushaltskasse.

4. Zur „Lebensführung" gehören die monatlichen Kosten für Essen, Trinken und alltägliche Haushaltswaren wie Putzmittel, Toilettenpapier oder Pflegeprodukte. Pro Person schätzt man mit Kosten zwischen 150,00 EUR- und 250,00 EUR. Kinder benötigen etwas weniger. Dieser Wert ist jedoch nur geschätzt. Achten Sie von

nun an auf Ihre persönlichen Kosten und setzen Sie diese an. Und vergessen Sie Ihr Haustier nicht. Dieses will selbstverständlich auch versorgt werden. Wie bereits unter Punkt 3 erwähnt, zählt auch das Benzin zu den Kosten zur Lebensführung. Heben Sie Ihre Tankquittungen für ein paar Monate auf und ermitteln Sie eine realistische Summe, mit der Sie gut über den Monat kommen.

Tipp: Setzen Sie die Kosten anfangs lieber etwas zu hoch an als zu niedrig. Besser ist es, wenn am Ende des Monats etwas Geld übrig bleibt, als das Sie zu wenig Geld zur Verfügung haben. Ein weiterer Tipp ist, ein separates Konto ausschließlich für Ihre Kosten zur Lebensführung einzurichten. Sie behalten dann die volle Kontrolle, ob Sie mit dem kalkulierten Geld zurechtkommen. In Kapitel 4 „Mehrere Kontenmodell" lesen Sie hierzu mehr.

Wenn Sie auf ein weiteres Konto verzichten möchten, heben Sie die komplette Summe von Ihrem Konto ab und richten sich Zuhause eine Haushaltskasse ein. Von diesem Geld zahlen Sie ausschließlich Ihre Lebensführungskosten. Bitte verwenden Sie es nicht für andere Ausgaben. Nur so behalten Sie die Kontrolle und den Durchblick und wissen am Monatsende genau, ob Sie richtig kalkuliert haben oder ob Sie eventuell etwas verändern müssen, zum Beispiel Ihre Haushaltskasse entsprechend anzupassen oder an Lebensmittel und Haushaltsprodukte zu sparen.

5. Unter „Sonstige Kosten" führen Sie alle Kosten auf, die zu keinem der oben genannten Punkte wirklich passen und eventuell schon mehr unter die Begriffe Luxus und Vergnügen fallen, wie zum Beispiel die Handyverträge, Kosten für Vereine oder Fitnessstudios, Musik- oder Film-Streaming-Dienste etc. Hier verbirgt sich ein großes Einsparpotential, da diese Kosten nicht essentiell sind. Hierzu lesen Sie später noch ausführlichere Erläuterungen.

6. Unter „Sonstige Versicherungen" listen Sie bitte alle Versicherungen auf, die zu keinem der oben genannten Punkte passen, zum Beispiel Privathaftpflicht-, Krankenhaustagegeld- oder Zusatz-Krankenversicherungen.

Puh, das waren jetzt aber einige große Ausgaben. Lassen Sie uns einmal einen Blick auf unsere Übersicht werfen. Von unseren stolzen Einnahmen von rund 2.694,00 EUR sind uns nur noch 631,00 EUR geblieben. Das Geld ist um einiges weniger geworden. Ist Ihr Ergebnis jetzt schon nahe 0,00 EUR oder sind Sie sogar im Minus, geben Sie bereits jetzt schon monatlich mehr Geld aus als Sie einnehmen. Geld für Freizeit und Unterhaltung oder neue Anschaffungen steht Ihnen nicht mehr zur Verfügung. Sie erkennen selbst, dass Sie dringend etwas an Ihren Ausgaben ändern und Ihre Kosten senken sollten. Im Kapitel "3 Kosten senken" finden Sie hierzu ein paar sehr gute Tipps.

Sie sind bereits einen großen Schritt Richtung Ziel gegangen, wenn Sie Ihre Tabelle bis zu diesem Punkt erstellt haben. Sie kennen Ihre monatlichen Einnahmen und Sie kennen Ihre monatlichen Ausgaben. Jetzt geht es ans Eingemachte.

Sie fragen sich bestimmt, wo bleibt denn jetzt das Geld zum „Leben"? Wo bleibt der Spaß? Ich kann Sie durchaus verstehen. Bevor wir zum - ich nenne es „Spaßgeld" - kommen, müssen Sie sich eine viel wichtigere Frage stellen:

Wo bleibt das Geld zum Sparen? Und hier ist der Schlüssel zur finanziellen Unabhängigkeit. Das Sparen.

2.3 Sparen

Wieso ist das Sparen so wichtig? Ganz klar, ohne Sparen werden Sie niemals finanziell frei. Sie bauen kein Vermögen auf. Sie bleiben immer, wie Sie jetzt sind. Sie bleiben arm. Finanziell, aber auch geistig.

Diese Aussage klingt hart und gemein, aber lassen Sie mich meine Aussage erläutern.

Bei den meisten Menschen löst das Wort „Sparen" eine negative Reaktion aus. Viele, die dieses Buch lesen, haben auch jetzt gerade die gleichen Reaktionen wie Hunderte und Tausende anderer Menschen, die daran denken. Die meisten Menschen verbinden mit dem Wort Sparen: Verzichten. Verzichten auf Spaß. Verzichten auf Geld, das ihnen sonst zur Verfügung stünde. „Was soll ich später leben, ich lebe jetzt". Und genau hier liegt der allergrößte Fehler überhaupt. Wenn Sie zu den Personen zählen, bei denen Sparen keine bis negative Gefühle auslöst, ändern Sie bitte Ihre Einstellung dazu. Sparen muss Sie mit Glück, Freude und einer Leichtigkeit erfüllen. Ich werde Ihnen nun erklären, warum das so wichtig für Sie ist.

Sie sparen nicht für Ihr späteres Leben, damit es Ihnen in der Zukunft besser geht. Sie sparen jetzt für jetzt, damit es Ihnen heute schon besser geht. Was gibt Ihnen ein besseres Gefühl? Minus 20.000,00 EUR auf Ihrem Konto oder plus 20.000,00 EUR oder sogar noch mehr auf Ihrem Konto? Also, ich weiß, wofür ich mich entscheiden würde. Sie verzichten auf nichts, nur weil sie sparen. Im Gegenteil: Sie gönnen sich etwas! Sicherheit, Wohlstand und Glück. Das Geld ist ja nicht weg, nur weil es auf einem Sparkonto oder in einer Aktie oder gewinnbringend angelegt wird. Es steht Ihnen ja immer zur Verfügung. Richtig angelegt, wird es sogar immer mehr. Je mehr Geld Sie anhäufen, umso ruhiger und entspannter werden Sie mit der Zeit. Sie denken sich jetzt bestimmt: „So viel Geld kann ich niemals sparen". Ich verrate Ihnen etwas. Das können Sie sehr wohl. Glauben Sie mir, es geht schneller als Sie es für möglich halten. Sie müssen es nur klug anstellen und am Ball bleiben.

Sparen unterteilt man generell in drei Bereiche:

1. **Langfristig – 10 bis 30 Jahre**

2. **Mittelfristig – 3 bis 10 Jahre**

3. **Kurzfristig – von einigen Monaten bis zu 3 Jahren**

Setzen Sie sich am Anfang Ihres Sparens eine feste monatliche Sparrate. Die perfekte Sparsumme zum Einstieg sind 20 % des Netto-Einkommens. Bei unserer Familie Mustermann sind 20 % von 2.694,00 EUR = 539,00 EUR. Dieser Betrag von 539,00 EUR ist die ausgerechnete monatliche Sparrate. Einige von Ihnen werden nun schlucken. Besonders jene, die bereits nach der Differenz zwischen Einnahmen und Ausgaben kaum noch Geld zur Verfügung haben. Hier bitte ich Sie erneut: Senken Sie Ihre Kosten, so tief wie möglich. Lesen Sie bitte hierzu aufmerksam das Kapitel 3 „Kosten senken".

Kommen Sie nach Senken Ihrer Kosten noch immer nicht an die 20 % Ihres Nettoeinkommens heran - keine Sorge. Fangen Sie zunächst einfach mit 10 % oder 15 % Ihres gesamten Nettoeinkommens an. Wichtig ist, dass Sie mit dem Sparen beginnen. Bitte machen Sie nicht den Fehler und geben Monat für Monat Ihr gesamtes verfügbares Geld aus, ohne den festgelegten Anteil zu sparen.

Auch der Familie Mustermann ist die monatliche Sparrate von 539,00 EUR zu viel. Ihnen würde nach Abzug der Sparrate von der Differenz zwischen Einnahmen und Ausgaben lediglich 92,00 EUR (631,00 EUR - 539,00 EUR = 92,00 EUR) zur Verfügung stehen. Familie Mustermann entschließt sich, die Sparrate erst einmal auf 300,00 EUR festzulegen. So bleiben Ihnen nach Abzug der Rate noch 331,00 EUR (631,00 EUR - 300,00 EUR = 331,00 EUR). Sie haben ein kleines Kind und wollen ihm etwas im Monat gönnen. Außerdem möchte Herr Mustermann mit Frau Mustermann ein paar Freizeitaktivitäten nachgehen. Kein Problem. Auch eine Sparrate von monatlich 300,00 EUR ist eine gute Summe. Selbst wenn Sie am Anfang nur 50,00 EUR sparen können. Die Hauptsache ist: Sie fangen an zu sparen! Aber bitte sparen Sie nicht nur 50,00 EUR, weil Sie lieber 700,00 EUR Spaßgeld im Monat haben wollen. Hier ist das Verhältnis zwischen Spargeld und Spaßgeld falsch. Wer von frei zur Verfügung stehendem Geld - also der Differenz zwischen Einnahmen und Ausgaben, noch 800,00 EUR im Monat zur Verfügung hat und davon nur 50,00 EUR oder 100,00 EUR sparen möchte, hat das Prinzip noch nicht ganz verstanden. Bei 800,00 EUR würde ich empfehlen 300,00 EUR bis 400,00 EUR im Monat zu sparen und klug anzulegen. Mit so einer Sparrate werden Sie schneller finanziell frei, als Sie es sich vorstellen können. Was möchten Sie lieber? Ein Leben lang bis zur Rente hart arbeiten und anschließend eine halbwegs akzeptable Rente bekommen oder ein paar Jahre hart arbeiten, sparen und anschließend finanziell frei sein? Ohne Sorgen um Geld.

Kommen wir wieder zurück zu unserer Familie Mustermann. Diese entschließt sich ab jetzt, 300,00 EUR im Monat zu sparen. Wie sollen die 300,00 EUR nun in die Bereiche „Langfristig", „Mittelfristig" und „Kurzfristig" aufgeteilt werden? Eine kurze Erläuterung dieser Begriffe ist dazu nötig.

1. Kurzfristig bedeutet ein Sparziel von einigen Monaten bis zu drei Jahren. Damit werden anschließend kleinere oder unerwartete Ausgaben, ein kleiner Urlaub oder anfallende Reparaturen gestemmt. Hier steckt Ihre Notfallreserve.

2. Mittelfristig bedeutet ein Sparziel von drei bis zu zehn Jahren. Damit werden größere Anschaffungen wie ein neues Auto, ein Umzug eine Renovierung finanziert. (Für diese Ausgaben nehmen die meisten Menschen Kredite auf. Herzlichen Glückwunsch, Sie brauchen dies in Zukunft nicht mehr. Wenn Sie sich daran halten, haben Sie sich soeben ein neues Auto aus eigener Tasche gekauft).

3. Langfristig bedeutet ein Sparziel von zehn bis zwanzig, dreißig oder sogar vierzig Jahren. In diesem Posten steckt Ihr eiserner Anker. Hier sparen Sie für Ihren Ruhestand. Denken Sie heute schon an Ihr späteres Ich. Es wird Ihnen danken. Wenn Sie in dreißig Jahren auf diesen Moment zurück blicken, werden Sie sagen, dies war eine meiner besten Entscheidungen meines ganzen Lebens. Die langfristige Geldanlage macht Sie am Ende reich und finanziell frei. Die oberen zwei Punkte ebenso. Aber der größte Teil steckt hier. Denken Sie nur einmal an den Zinseszins. Ihr Geld vermehrt sich, klug angelegt, am Ende selbst. Wenn man sein langfristiges Vermögen gut anlegt, kann man mit einer Rendite zwischen 8 % und 10 % im Jahr rechnen. Ja, das ist möglich. Es ist absolut wichtig, das Sie niemals, wirklich niemals, vor Ablauf Ihrer Anlagezeit an dieses Geld gehen. Sie machen sich sonst all die harte Arbeit kaputt und es wirft Sie um Jahre zurück. Sie müssen auch gar nicht an das Geld. Dafür haben Sie die Kurz- bis Mittelfristigen Geldanlagen.

Sie wissen nun, wie diese drei Sparziele funktionieren. Jetzt liegt es an Ihnen, Ihre Sparrate auf diese drei Positionen aufzuteilen. Wie Sie dies machen, müssen am Ende Sie selbst entscheiden. Es hängt immer von Ihren Zielen in den nächsten Jahren ab. Ich würde Ihnen jedoch raten, niemals weniger als ein Drittel Ihrer monatlichen Sparrate in die langfristige Geldanlage zu investieren. Besser wäre sogar etwas mehr. Die kurzfristige bis mittelfristige Geldanlage werden Sie früher oder später verbrauchen und neu besparen. Diese zwei Punkte bringen weniger Rendite. Hauptsächlich bringen diese beiden Punkte Ihnen Sicherheit und Sorgenfreiheit im Falle einer Investition. Sie vermeiden damit, Schulden aufnehmen zu müssen. Die langfristige Geldanlage macht Sie jedoch finanziell frei und bringt im Laufe der Jahre hohe Renditen. Deswegen empfehle ich Ihnen, ein Drittel oder mehr auf die langfristige Anlage zu verbuchen.

Den Rest der Sparrate teilen Sie nun so auf, dass Sie Ihr kurzfristiges Anlagenziel relativ schnell erreichen. Sagen wir, Sie haben sich vorgenommen 1.000,00 EUR für Notfälle beiseite zu legen. Dies ist eine gute Summe, um die ein oder andere unvorhersehbare Ausgabe abzudecken und die auch schnell erreicht werden kann. Haben Sie es geschafft und Sie haben 1.000,00 EUR oder 2.000,00 EUR angespart, stoppen Sie die kurzfristige Anlage und verteilen den Rest der Sparrate auf die mittelfristige und langfristige Geldanlage.

Achtung: Wenn Sie Ihr Anlagenziel zur kurzfristigen Anlage gedeckt haben, also die Summe zusammengespart haben, die Sie sich gesetzt haben, heißt das nicht, dass Sie diese jetzt sinnlos zum Fenster herausschmeißen sollen. Wenden Sie Ihr neu erlerntes Denken an und fallen Sie nicht zurück in alte Muster. Seien Sie weitsichtig, klug und zurückhaltend mit dem Geldausgeben.

Aber kommen wir wieder zurück zu unserem Beispiel. Familie Mustermann hat sich entschieden, mit einer Sparrate von 300,00 EUR zu beginnen. Herr Mustermann hätte gerne 1.500,00 EUR für Notfälle und setzt sich daher das Ziel: Kurzfristige Geldanlage 1.500,00 EUR.

Des Weiteren würde Frau Mustermann gerne in fünf bis zehn Jahren in eine größere Wohnung ziehen, da sie gerne ein zweites Kind hätte und die jetzige Wohnung zu klein ist. Ein Umzug kostet Geld. Frau Mustermann hätte gerne in maximal zehn Jahren eine Summe von 7.000,00 EUR bis 10.000,00 EUR für den Umzug. Deswegen setzt Frau Mustermann das Ziel: Mittelfristige Geldanlage 7.000,00 EUR bis 10.000,00 EUR.

Zusammen hätten Herr und Frau Mustermann gerne die Möglichkeit, frühzeitig in Rente zu gehen, um ihren gemeinsamen Lebensabend zu genießen. Daher setzen sich Frau und Herr Mustermann folgendes Ziel: Langfristige Geldanlage 300.000,00 EUR bis 1.000.000,00 EUR (Diese Summe ist, wenn man jung startet und sein Geld mit einer jährlichen Rendite von 8 % bis 10 % pro Jahr anlegt, je nach monatlicher Sparrate, eine realistische Zahl).

Die Familie teilt die 300,00 EUR nun wie folgt auf:

1. Langfristig – 150,00 EUR

2. Mittelfristig – 70,00 EUR

3. Kurzfristig – 80,00 EUR

Das kurzfristige Ziel von 1.500,00 EUR ist schon bereits nach 19 Monaten erreicht, wenn zwischenzeitig alles nach Plan läuft. Da nun nach 19 Monaten die 80,00 EUR, die zuvor in die kurzfristige Geldanlage investiert wurde, frei zur Verfügung steht, teilt die Familie die Rate anschließend wie folgt auf:

1. Langfristig – 190,00 EUR

2. Mittelfristig – 110,00 EUR

3. Kurzfristig – 0,00 EUR

In den ersten 19 Monaten der oben genannten Konstellation haben Familie Mustermann bereits 1.330,00 EUR (19 x 70,00 EUR = 1.330,00 EUR) für die Mittelfristige Anlage gespart. Mit der Erhöhung auf nun 110,00 EUR braucht Familie Mustermann nur noch 52 Monate (4,3 Jahre), um Ihr unterstes Ziel von 7.000,00 EUR zu erreichen.

Betrachten wir unsere langfristige Geldanlage, hätte Familie Mustermann bei einer monatlichen Rate von 190,00 EUR nach 30 Jahren bei einer jährlichen Rendite von 8 % bereits 269.346,00 EUR gespart. Bei einer jährlichen Rendite von 10 % wären es sogar 395.065,00 EUR. Herzlichen Glückwunsch, Sie haben Ihr Ziel erreicht!

Tatsächlich könnte es sogar noch schneller gehen. Wir sind bei unserem Beispiel davon ausgegangen, dass wir 30 Jahre lang nur eine Sparrate von 300,00 EUR angesetzt haben. In der langfristigen Geldanlage wurden davon nur 190,00 EUR berücksichtigt. Wie Sie es schaffen, Ihre Sparrate spielend leicht zu erhöhen und wie Sie mit Gehaltserhöhungen umgehen, erkläre ich Ihnen im Kapitel 5 „Kluges Sparen".

Betrachten wir jetzt noch einmal die Übersicht unserer Familie Mustermann:

Übersicht zur aktuellen finanziellen Situation

Einnahmen

Nettogehalt Mustermann	1.600,00
Nettogehalt Musterfrau	900,00
Kindergeld Musterkind	194,00
Summe Einnahmen	**2.694,00**

Ausgaben

Wohnung und Hauskosten

Miete warm	600,00
Strom	80,00
Festnetz und Kabel	60,00
GEZ	18,00
Hausratversicherung	20,00

Schulden/Kredite

Darlehen XBank	100,00
Bruder Rate	50,00
Dispositionskredit	50,00

    Raten für TV   *25,00*

Mobilität

    Kfz-Versicherung   *80,00*

    Kfz-Steuer   *10,00*

Lebensführung

    Essen und Trinken   *500,00*

    Haushaltskosten   *100,00*

    Tanken   *200,00*

    Haustier   *80,00*   *Summe Lebensführung 880,00*

Sonstige Kosten

    Handyverträge   *40,00*

    Fitnessstudio   *20,00*

    Musikstreaming   *10,00*

Sonstige Versicherungen

    Privathaftpflicht   *10,00*

    Krankenhaustagegeld 10,00

Summe Ausgaben   *2.063,00*

Differenz Einnahmen und Ausgaben 631,00

Sparen

  Langfristig   *150,00*

  Mittelfristig   *70,00*

  Kurzfristig   *80,00*

Restgeld   *331,00*

Lassen Sie uns kurz rekapitulieren, was wir bis hierhin umgesetzt haben: Wir haben die Einnahmen addiert. Wir haben sämtliche Ausgaben erfasst und wir haben uns um das Sparen gekümmert. Nun kommen wir zu dem Teil, auf den wohl die meisten gewartet haben: Das Spaßgeld!

2.4 Spaßgeld

Als Spaßgeld definiere ich das Geld, das nach allen, wirklich allen Ausgaben, einschließlich des Sparens, am Ende noch übrig bleibt. Dieses Geld dient einzig und alleine dazu, Sie zu „bespaßen". Sie können davon ins Kino gehen, in die Sauna oder Sie können es einfach für Konsumgüter ausgeben. Machen Sie mit diesem Geld, was Sie wollen. Betrachten Sie es als Ihr monatliches Taschengeld. Auch wenn dieses Geld keinen anderen Sinn hat, als es für Spaß auszugeben, ist dieser Punkt in gewissem Maße ebenso wichtig wie das Sparen. Am Ende nach all der harten Arbeit, der Ausgaben, des Sparens, ist es auch wichtig, einmal abzuschalten und sich zu amüsieren. Wir Menschen brauchen auch hin und wieder eine Auszeit für uns, ob für uns alleine oder mit Familie und Freunden. Wir brauchen Spaß in unserem Leben. Dazu dient das Geld, das nach allen Abzügen und der Sparrate übrig bleibt.

Sie sehen jetzt auch, wie wichtig es ist, genau diese Reihenfolge der Finanzübersicht einzuhalten. Bei den meisten Menschen steht nämlich nicht das Spaßgeld an letzter Stelle, sondern das Sparen. Viele Menschen wollen sparen, versuchen es auch, aber sie sparen nur, wenn am Ende des Monats noch etwas übrig bleibt. Und genau hier liegt der Fehler. In den meisten Monaten bleibt nämlich nichts übrig. Wenn wir unser gesamtes Geld für Pflichtausgaben und

Konsum ausgeben, bleibt am Monatsende nichts mehr übrig. Genau aus diesem Grund muss das Spaßgeld an die letzte Position der Übersicht rutschen. So und nicht anders gelingt eine kontrollierte Finanzübersicht. Wenn das Sparen an letzter Stelle kommt, sparen wir nicht. Wenn jedoch das Spaßgeld an letzter Stelle steht, sparen wir und haben trotzdem Spaß.

Schauen wir uns an, wie die vollständige Übersicht von unserer Familie Mustermann aussieht:

Übersicht zur aktuellen finanziellen Situation

Einnahmen

Nettogehalt Mustermann	1.600,00
Nettogehalt Musterfrau	900,00
Kindergeld Musterkind	194,00
Summe Einnahmen	**2.694,00**

Ausgaben

Wohnung und Hauskosten

Miete warm	600,00
Strom	80,00
Festnetz und Kabel	60,00
GEZ	18,00
Hausratversicherung	20,00

Schulden/Kredite

Darlehen XBank	100,00
Bruder Rate	50,00
Dispositionskredit	50,00

    Raten für TV   25,00

Mobilität

    Kfz-Versicherung   80,00

    Kfz-Steuer   10,00

Lebensführung

    Essen und Trinken   500,00

    Haushaltskosten   100,00

    Tanken   200,00

    Haustier   80,00   Summe Lebensführung 880,00

Sonstige Kosten

    Handyverträge   40,00

    Fitnessstudio   20,00

    Musikstreaming   10,00

Sonstige Versicherungen

    Privathaftpflicht   10,00

    Krankenhaustagegeld 10,00

Summe Ausgaben   2.063,00

Differenz Einnahmen und Ausgaben 631,00

Sparen

    Langfristig   *150,00*

    Mittelfristig   *70,00*

    Kurzfristig   *80,00*

Restgeld   ***331,00***

Restgeld = Spaßgeld   ***331,00***

Das Restgeld der Berechnung ist gleichzeitig das Spaßgeld. Für eine bessere Kontrolle bietet es sich an, dieses Geld direkt auf ein separates Konto zu überweisen, dass nur zu Ihrer Bespaßung dient. (siehe Kapitel 4, „Mehrere Kontenmodell"). Auf diese Weise haben Sie immer die volle Kontrolle und wissen auf einen Blick, wie viel Geld Sie noch ausgeben dürfen. Oder aber Sie heben das Geld von Ihrem Konto ab und legen Zuhause eine separate „Spaßkasse" an. Wenn Sie in einem Monat einmal nicht alles ausgeben sollten, haben Sie im nächsten Monat etwas mehr. Falls das Geld jedoch etwas zu knapp wird, ist es jetzt äußerst wichtig, dass Sie lernen, sich zu disziplinieren. Wenn das Spaßkonto oder die Spaßkasse leer ist, müssen Sie lernen, zurückzustecken. Schalten Sie einen Gang zurück und lernen Sie, mit dem Geld Monat für Monat umzugehen. Sie müssen hart bleiben. Gehen Sie auf keinen Fall an Ihr Erspartes für solche Kleinigkeiten wie den Konsum. Sie können und dürfen monatlich auf keinen Fall mehr Geld ausgeben, als Sie monatlich als

Spaßgeld zur Verfügung haben!!! Glauben Sie mir, auch wenn es am Anfang eine Umstellung ist und für den einen oder anderen schwerer wird als für andere. Bleiben Sie stark. Es lohnt sich. Vergessen Sie nicht, am Ende folgt die finanzielle Freiheit. Und Sie sind jetzt schon näher an Ihrem Ziel als jemals zuvor in Ihrem Leben, wenn Sie versuchen, nach unserem erarbeiteten Schema zu leben.

Sie kennen Ihre Einnahmen und Ihre Ausgaben. Sie zahlen, wenn vorhanden, Ihre Schulden ab. Sie sparen für alle Lebenslagen und Sie haben am Ende sogar noch Spaß. Was will man mehr? Sie kommen Ihrer finanziellen Freiheit immer näher und näher.

Falls Sie jetzt unter Denjenigen sind, die kaum noch Spaßgeld zur Verfügung haben oder denen schon vorher das Geld ausgegangen ist, kommen wir nun zum wirklich schwierigen Teil: Kosten senken.

3. Kosten senken

Ist Ihr Geld schon während der Berechnung ins Negative gerutscht? Dann wird dieser Teil der Schwierigste. Sie müssen Ihre Kosten senken! Das fällt den meisten Menschen nicht leicht, da sie sich oftmals schon so sehr an manche Sachen und den monatlichen Luxus gewöhnt haben, dass sie sich ungern davon trennen. Leider wird Ihnen nichts anderes übrig bleiben, wenn Sie Herr über Ihre Finanzen werden möchten.

In unserer Übersicht haben wir die Ausgaben in mehrere Punkte unterteilt:

1. Wohnung und Hauskosten

Auf diese Kosten haben wir meist keinen großen Einfluss. Die Miete ist eine unveränderliche Größe, deren Höhe wir nicht beeinflussen können. Es besteht die Möglichkeit, die jährlichen Strom und Heizkosten zu reduzieren. Zunächst hat das aber keine Auswirkung auf die monatliche Liquidität (Zahlungsfähigkeit), sondern erst ab der nächsten Jahresrechnung. Möglicherweise macht es Sinn, sich nach einem anderen Stromanbieter umzuschauen. Verschiedene Vergleichsportale bieten gute Alternativen. Zum Beispiel: ckeck24.de.

Was bleibt noch? Versicherungen, GEZ, Kabelanschluss etc. Auch hier sind keine großen Einsparungen möglich. Man könnte lediglich versuchen, eine günstigere Versicherung oder einen besseren Kabelanbieter zu finden. Sie stellen schnell fest, dass Sie an dieser Stelle keine große Einsparmöglichkeit haben. Aber Ausnahmen bestätigen die Regel. Ich sage nicht, dass sich ein Blick auf Ihre aktuellen Verträge und Verbräuche nicht lohnt. Vielleicht besitzen Sie noch einen alten Stromvertrag mit hohen Kosten, weit über dem Durchschnitt oder Sie finden bei genauerem Betrachten Möglichkeiten, sparsamer mit Strom und Heizung umzugehen, zum Beispiel mit intelligenten Thermostaten, die nur heizen, wenn es wirklich nötig ist.

2. Schulden

An diesem Punkt können wir leider keine wirklichen Kosten senken. Möglicherweise können Sie durch Umschulden des aktuellen Krediten etwas niedrigere Zinsen aushandeln. Ansonsten gibt es wenige Möglichkeiten. Die Schulden und Ihre monatlichen Verpflichtungen bleiben. Umso wichtiger ist es, diese Schulden zu tilgen und bestenfalls keine neuen Schulden mehr aufzunehmen!

Für all jene, denen der Begriff Umschuldung nichts sagt: Umschulden bedeutet zum Beispiel, dass man mit seinem alten Kredit bei der XBank zu einem neuen Kredit bei der WBank mit vielleicht niedrigeren Zinsen wechselt. Oder man hat bei mehreren Vertragspartnern Schulden und nimmt bei der XBank einen Kredit auf, bezahlt mit dem geliehenen Geld alle Gläubiger und leistet von nun an nur noch eine Tilgungsrate an die XBank. Dies macht meistens Sinn, wenn man durch die Umschuldung Gebühren und Zinsen sparen kann.

3. Mobilität und Benzinkosten

So langsam kommen die Möglichkeiten der Kostenreduzierung näher. Für die Besitzer eines monatlichen Bahntickets sind die Möglichkeiten begrenzt. Sollten Sie jedoch Besitzer eines Pkw sein, fangen Ihre Möglichkeiten nun an. Das Auto „frisst" jährlich unglaubliche Mengen an Geld. Angefangen von der Kfz-Versicherung zu den Instandhaltungskosten über die monatlichen Benzinkosten. Ein Auto ist teuer und Luxus. Ja, ein Auto ist Luxus. Und nicht nur das. Ein Auto macht faul! Viele Leute benutzen selbst für kleinste Distanzen ihr Auto. Ich rate Ihnen Folgendes: Lassen Sie doch einfach mal öfters Ihr Auto stehen. Laufen Sie, fahren Sie mit dem Fahrrad, mit öffentlichen Verkehrsmitteln oder bilden Sie Fahrgemeinschaften - jeder eingesparte Kilometer ist reines Geld. Jeder Kilometer benötigt Benzin und verschleißt Ihr Auto. Es verliert an Wert und muss nach einem gewissen Kilometerverbrauch zur Inspektion. Kosten, Kosten, Kosten. Die jetzigen Worte hören sich ziemlich hart an, werden aber Wunder bewirken. Falls Sie wirklich keine anderen Möglichkeiten finden, Kosten einzusparen und Sie wirklich nicht zu 99 % auf Ihr Auto angewiesen sind und keine Alternativen sehen, könnte es Sinn machen, Ihr Auto zu verkaufen und sich nach anderen Fortbewegungsmitteln umzuschauen.

4. Lebensführung

Auch hier können Sie Ihre Kosten senken. Achten Sie auf Angebote. Kaufen Sie nicht immer die teuren Markenprodukte. Es muss nicht immer das Teuerste vom Teuersten sein. Oft schmeckt auch die günstigere Variante genau so gut. Gehen Sie auch nicht so oft auswärts Essen oder bestellen sich Essen per Lieferdienst. Kochen sie selbst. Die einzelnen Produkte kosten meistens einen Bruchteil und können oft mehrfach für mehrere Gerichte verwendet werden. Auch machen Sie mit einem selbst gekochten Essen viel mehr Leute satt für viel weniger Geld. Und wir wissen doch alle, selbstgemacht schmeckt es immer noch am besten.

5. Sonstige Kosten

Kommen wir zu dem Punkt, an dem Sie die meisten Einsparungen erreichen. Seien wir ehrlich. Die meisten Ausgaben unter den sonstigen Kosten fallen in die Kategorie Luxus und sind nicht lebensnotwendig. All die Abos und Verträge von Zeitschriften, Streaming-Dienste, Fitnessstudios, Tanzkurse etc. sind schön und gut, werden aber nicht benötigt. Wenn Sie am Monatsende zu wenig Geld haben, dann reduzieren Sie Ihre Kosten. Auch wenn es weh tut. Kündigen Sie die Verträge. Beenden Sie die Abonnements. Holen Sie sich kein Handy per Vertrag. Damit meine ich nicht, dass Sie keinen Handy-Vertrag haben dürfen. Ich meine damit, holen Sie sich kein Handy inklusive Vertrag. Auch wenn das Handy mit 0,00

EUR gratis zum Vertrag mit angepriesen wird, zahlen Sie es trotzdem über die Vertragslaufzeit ab, da Sie mit dem Handy viel höhere monatliche Vertragszahlungen zu tragen haben.

Ein Beispiel:

Handytarif A – mtl. 9,99 EUR – LTE Allnet Flat ohne Handy

Handytarif A – mtl. 29,99 EUR – LTE Allnet Flat mit Handy ohne Zuzahlung für 0,00 EUR

Was fällt Ihnen auf? Der gleiche Vertrag kostet mit Handy 20,00 EUR monatlich mehr. Sie zahlen nun 24 Monate 20,00 EUR mehr, weil Sie sich für das Handy entschieden haben. Am Ende macht dies eine Gesamtsumme von 480,00 EUR. Sie sehen selbst: Umsonst ist nichts. Seien wir ehrlich: Wer braucht alle zwei Jahre ein neues Handy? Meistens ist das alte doch noch gut und funktioniert tadellos. Auch wirklich veraltet ist es in zwei Jahren noch nicht.

Was ich damit sagen will: Fallen Sie nicht auf jeden Vertrag herein. Schauen Sie sich vorher alle versteckten Kosten an und machen Sie sich vorher Gedanken, ob Sie diese Verträge wirklich brauchen. Bedenken Sie stets, dass Sie über eine festgelegte Laufzeit an den Vertrag gebunden sind. Überlegen Sie vorher gut und treffen Sie dann die richtige Entscheidung.

6. Sonstige Versicherungen

Auch hier können Sie gewisse Kosten einsparen. Prüfen Sie Ihre Versicherungen, ob Sie diese wirklich benötigen und was Sie damit abdecken. Ich habe Personen kennen gelernt, die zwei bis drei unterschiedliche Versicherungen besaßen, die teilweise die gleichen Gebiete abgedeckt haben. Das macht keinen Sinn. Eine Versicherung für ein Gebiet reicht. Sie brauchen keine drei Auslandsreiseversicherungen. Suchen Sie eine passende Versicherung für einen Bereich, die alles abdeckt, was Sie wünschen und fertig. Vergleichen Sie verschiedene Versicherungen, verschiedene Anbieter. Manchmal lohnt es sich, den Anbieter zu wechseln. Vielleicht spart man nicht unbedingt Geld, aber man findet eventuell eine attraktive Versicherung mit einem umfassenderen Versicherungsangebot, einer größeren Deckungssumme und so weiter.

Gehen Sie bitte bei allen monatlichen Ausgaben nach diesem Prinzip vor. Suchen Sie Einsparmöglichkeiten. Suchen Sie Alternativen. Kündigen Sie alte oder nicht unbedingt benötigte Verträge. Trennen Sie sich von Ihren Altlasten. Auch wenn oftmals ein Punkt alleine nicht viel ändert, macht es am Ende die Summe. Ein paar Euro hier, ein paar Euro da und ehe Sie sich versehen, haben Sie Hunderte von Euros gespart. Dieses gesparte Geld können Sie nun gezielt dafür verwenden, um Ihr Ziel der finanziellen Freiheit näher zu kommen. Ein Vermögen aufzubauen und Schulden abzubauen! Auch wenn es am Anfang schwer ist - es lohnt sich! Ich glaube an Sie!

4. „Mehrere Kontenmodell"

Sie können selbstverständlich sämtliche Finanzen über ein Konto managen. Das macht jedoch nicht wirklich Sinn, weil es sehr unübersichtlich ist. Für einen besseren Überblick über Ihre Finanzen, empfehle ich Ihnen das „Mehrere Kontenmodell". Dieses Modell basiert auf einer nach Ihren Bedürfnissen angepassten Anzahl von unterschiedlichen Konten. Auf ein Konto geht Ihr Geld ein und Sie bezahlen Ihre fixen Kosten. Auf dem anderen Konto haben Sie Ihr Geld für die Lebensführung. Ein weiteres Konto ist für Ihr Erspartes angelegt. Ein weiteres Konto ist für Ihr Spaßgeld. So haben Sie jederzeit den vollen Überblick und wissen genau, wie viel Geld Ihnen in welchem Bereich noch zur Verfügung steht.

Wenn Sie jetzt denken, dass so viele Konten doch Unmengen an monatlichen Kosten fressen, dann kann ich Sie beruhigen. Viele Direktbanken wie die Consorsbank oder die Comdirect bieten oft Giro- und Tagesgeldkonten ohne monatliche Kosten an. Sie zahlen keinen Cent. Meist auch ohne Bedingungen. So ist es Ihnen möglich, mehrere Konten gleichzeitig zu besitzen, ohne dafür mehr Kosten in Kauf nehmen zu müssen. Wenn Sie offen für Neues sind - und das hoffe ich - wird Ihnen das „Mehrere Kontenmodell" von gutem Nutzen sein. Lassen Sie uns einmal schauen, wie so ein Kontenmodell anhand unserer Familie Mustermann aussehen könnte:

Unsere Familie Mustermann eröffnet nun mehrere Konten und teilt ihr Geld wie folgt auf.

1. Hauptkonto

2. Lebensführungskonto

3. Sparkonto (es macht sogar Sinn für jedes Sparziel ein separates Konto zu eröffnen, dazu gleich mehr)

4. Spaßkonto

1. Hauptkonto

Auf dem Hauptkonto gehen alle Einnahmen ein, zum Beispiel das Gehalt, Kindergeld und so weiter. Alle monatlichen Einnahmen sammeln sich zuerst auf diesem Konto. Von hier aus werden nun Daueraufträge zu den anderen Konten in der jeweiligen vorher ausgerechneten Summe angelegt. (Sehen Sie sich dazu Ihren Finanzplan an.) Von dem Hauptkonto gehen neben den Daueraufträgen auch noch alle Lastschriften und die monatlichen Kosten der Wohnung oder des Hauses, die Versicherungen, Ihre sonstigen Kosten, wenn vorhanden Schuldentilgungen und Kfz-Kosten ab. Dieses Konto stellt quasi Ihre Zentrale dar. Wenn Sie sich in den vorherigen Schritten zum Beispiel ausgerechnet haben, wie hoch Ihre Lebensführungskosten sind, erstellen Sie einen monatlichen Dauerauftrag auf das Konto „Lebensführungskosten" in Höhe der entsprechenden Summe. In unserem Beispiel wäre es bei Familie Mustermann monatlich 880,00 EUR. Auf das „Spaßkonto" würde Familie Mustermann monatlich 331,00 EUR überweisen und auf das „Sparkonto" 300,00 EUR. Jetzt ist das Geld klar voneinander getrennt und Sie behalten die volle Übersicht und Kontrolle über die einzelnen Kosten. Sie wissen genau, wie viel Sie monatlich für die Lebensführung ausgeben oder wie viel Spaßgeld Sie im Moment noch zur Verfügung haben. Ob Sie sich die neue Tasche noch gönnen dürfen oder ob Sie vielleicht erst einmal die Finger davon lassen sollten, da Sie im Moment nicht genug Spaßgeld besitzen. Sie sind stets und jeder Zeit im Bilde, wie viel Geld in welchem Bereich Sie noch besitzen.

2. Lebensführungskonto

Von diesem Geld zahlen Sie ausschließlich, wie der Name schon sagt, Ihre Lebensführungskosten wie Essen und Trinken, Benzin, Pflegeprodukte und Haushaltswaren. Da Sie sich monatlich eine feste Summe auf dieses Konto überweisen, wissen Sie stets wie es im Moment um Ihr Geld steht. Es zeigt sich auch, besonders in den ersten Monaten, ob Sie Ihre monatlichen Kosten richtig eingeschätzt haben. Bleibt Ihnen am Ende des Monats immer

100,00 EUR übrig? Oder stehen Sie schon Mitte des Monats ohne Geld da? Passen Sie das Geld dementsprechend an. An dieser Stelle möchte ich sagen, dass man immer zuerst auf Kostenreduzierung achten sollte, falls man mit dem Geld nie über den Monat kommt. Setzten Sie sich einen realistischen Betrag, mit dem Sie gut leben können und versuchen Sie mit diesem jeden Monat auszukommen.

3. Sparkonto

Auf dem „Sparkonto" geht das monatliche gesparte Geld ein. Hierfür empfiehlt es sich sogar, pro Sparziel ein separates Konto zu besitzen. Für die kurzfristige, mittelfristige und langfristige Geldanlage. So trennen Sie Ihr Vermögen voneinander und wissen stets, wie sich Ihr gespartes Geld verteilt. Dazu lohnt es sich besonders für die mittelfristige und langfristige Geldanlage, das Geld nicht einfach auf dem Konto verstauben zu lassen, sondern klug in passende Anlagenklassen zu verteilen, mit der Sie eine weitaus bessere Rendite erzielen können. Eine realistische jährliche Durchschnittsrendite liegt bei ca. 8 % bis 10 % auf einer Sicht von mehreren Jahren bis Jahrzehnten. (Mehr dazu unter dem Kapitel 5. „Kluges Sparen")

4. Spaßkonto

Auf dem Konto landet Ihr Spaßgeld. Dazu gibt es nicht viel zu sagen. Geben Sie es aus und haben Sie Spaß dabei!

5. Kluges Sparen

Ich möchte Ihnen in diesem Buch keine Anlagenberatung geben. Für eine professionelle Anlagenberatung empfehle ich Ihnen einen Termin bei einem Anlagenberater vor Ort, der sich mit Ihnen zusammensetzt und individuell Ihre Risikobereitschaft und Ihre Ziele ausarbeitet. Eine Anlagenberatung, die auf alle Personen gleichermaßen passt, gibt es nicht. Jeder hat andere Ziele. Jeder hat eine andere Risikobereitschaft. Ich möchte Ihnen in diesem Buch jedoch einige Tipps und Ratschläge an die Hand geben, die Ihnen beim erfolgreichen Sparen weiterhelfen sollen.

1. Lassen Sie Ihr Erspartes, besonders die mittel- und langfristige Geldanlage nicht einfach auf einem Konto verstauben. Es gibt viele bessere Anlagemöglichkeiten, wie Aktien, Immobilien, Anleihen, Fonds, ETF's, Kredite, Rohstoffe, P2P Kredite und so weiter. Mit diesen kann man, klug angelegt und breit gestreut eine viel höhere Rendite erzielen. Natürlich sind diese Anlagen risikobehafteter als das Festgeld- oder Tagesgeldkonto, aber dafür auch erfolgversprechender. Eine Überlegung ist es auf jeden Fall wert. Denken Sie in der Zeit der Niedrigzinsphase an die Inflation. Die Inflationsrate ist mittlerweile fast höher als Ihre zu erwartenden Zinsen auf Ihrem Sparkonto. Ihr Geld wird folglich immer weniger Wert.

2. Viele fragen sich, ist es klüger, zuerst seine kompletten Schulden zu begleichen und erst dann zu sparen oder sollte man seine Schulden abbauen und gleichzeitig sparen? Nun, diese Frage beantwortet jeder anders. Ich finde es sinnvoll, erst seine kurzfristigen Schulden, wie nicht beglichene Rechnungen, Kreditkarten und Dispositionskredite zu tilgen. Sind dann nur noch Ratenkredite mit monatlich gleich bleibenden Tilgungen übrig, finde ich es sinnvoll, ab diesem Zeitpunkt zu sparen. Nicht nur, dass man eventuell eine höhere Rendite als die jährlichen Kreditzinsen erzielen könnte, man fühlt sich auch besser und ist für Notfälle abgesichert. Hat man Erspartes, und es geschieht etwas Unerwartetes, ist man abgesichert und muss nicht sofort den nächsten Kredit aufnehmen. Deswegen finde ich es sinnvoll, sofern nur noch Ratenkredite vorhanden sind, beides zu tun. Schuldenabbau und Kapitalaufbau.

3. Ich hatte ja bereits zu Beginn des Buches erwähnt, dass Sie Ihre unregelmäßigen Einnahmen wie Urlaubsgeld, Weihnachtsgeld, Bonuszahlungen und so weiter nicht in Ihrem Finanzplan aufnehmen sollten. Dieses Geld benutzen Sie am besten für den Schuldenabbau oder Vermögensaufbau. Tun Sie einfach so, als hätten Sie die Zahlung gar nicht erhalten und investieren Sie diese direkt in Ihre finanzielle Freiheit. Dadurch, dass Sie nun Ihren Finanzplan erstellt haben, haben Sie gelernt mit monatlich gleichbleibenden Einnahmen und Ausgaben zu leben. Sie haben

gelernt, wie man mit Geld umgeht, also widerstehen Sie der Versuchung. Dieses Geld steht Ihnen normalerweise auch nicht zur Verfügung. Gewöhnen Sie sich erst gar nicht daran. Sparen Sie es! Denken Sie immer daran: Das gesparte Geld ist nicht weg, es steht Ihnen jederzeit zur Verfügung und gibt Ihnen Sicherheit und Freiheit.

4. Was machen Sie nun, wenn Sie eine Gehaltserhöhung bekommen? Mit einer Gehaltserhöhung gehen Sie am besten so vor, dass Sie von Ihrer Erhöhung 30 % bis 50 % sofort sparen und zu Ihrer Sparrate addieren. Das Gute ist: Bis jetzt sind Sie noch nicht an das zusätzliche Geld gewöhnt. Wenn Sie von Anfang an zum Beispiel 40 % Ihrer Gehaltserhöhung zu Seite legen, fällt es Ihnen nicht auf. Im Gegenteil. Sie haben ja immer noch monatlich 60 % mehr Geld, als Sie vorher hatten. Eine Win-Win-Situation. Sie sparen mehr Geld und haben gleichzeitig monatlich mehr Geld für sich.

6. Häufige Fehler

Nr. 1: Sie nehmen keine Ratschläge an

Die meisten Menschen nehmen keine Tipps und Vorschläge an. Egal wie gut diese sind - Sie machen genau das Gegenteil. Sie tun nichts. Sie verändern nichts. Bleiben und belassen alles beim Alten. So ändert sich jedoch nichts an Ihrer Situation. Bitte gehören Sie nicht zu diesen Menschen, die dieses Buch kaufen, lesen und keine Tipps und Ratschläge annehmen. Bitte befolgen Sie die genannten Ratschläge und ändern Sie Ihre aktuelle finanzielle Situation.

Fragt man Berater nach dem größten Fehler ihrer Kunden, antworten diese: ihre eigenen Kunden. Sie stehen sich selbst im Weg. Sie lassen sich zwar beraten, aber befolgen anschließend keinen der Ratschläge. Das würde ein Berater jedoch nie seinem Kunden sagen, dass dieser selbst schuld an seiner eigenen Situation ist, wenn er nicht das tut, was man ihm rät. Der Kunde würde sich sonst angegriffen und gekränkt fühlen und der Berater verliert diesen Kunden. Ich jedoch spreche dies ganz offen an, weil ich will, dass Sie nicht diesen Fehler aller Fehler begehen.

Setzen Sie die Ratschläge und Tipps um! Tun Sie etwas! Sonst stehen Sie in 30 Jahren an derselben Stelle wie jetzt.

Nr. 2: Sie gehen zu schnell an Ihr Erspartes

Es wäre eine Schande, wenn Sie zu früh an Ihre Geldreserven gehen. Besonders an die langfristige Geldanlage. Hier macht sich der Zinseszinseffekt besonders stark bemerkbar. Wenn man nach einigen Jahren eine stolze Summe angespart hat und nimmt jetzt Geld davon weg, frei nach dem Motto: „Ich hab es ja", werden Sie Ihr Ziel der finanziellen Freiheit nie erreichen. Dies wirft Sie um Jahre des Sparens zurück. Nehmen wir an, Sie haben es geschafft, 200.000,00 EUR anzusparen und bekommen jährlich eine Toprendite von 10 %. Sie haben in einem Jahr 20.000,00 EUR Gewinn erzielt. Im zweiten Jahr wären es nun schon 22.000,00 EUR. Also 2.000,00 EUR mehr als davor. Im Jahr darauf sind es schon 24.200,00 EUR. Das wollen Sie sich doch nicht entgehen lassen! Ab hier geht es so schnell, richtig vermögend zu werden. Je mehr Geld Sie besitzen, desto mehr wirkt sich der Zinseszins aus. Nehmen wir einmal an, Sie hätten sogar 500.000,00 EUR und würden hierauf eine Rendite von 10 % erzielen. Das sind 50.000,00 EUR im Jahr. Ein gutes Jahresgehalt. Und das nur, weil Sie Ihr Geld klug angelegt haben, anstatt es auszugeben. Und es wird immer immer mehr. Deswegen ist es so wichtig, nicht vorzeitig an sein erspartes Geld zu gehen!

Nr. 3: Spontankäufe

Lassen Sie die Finger von Spontankäufen. Meistens benötigen Sie diese Sachen gar nicht und kaufen nur aus einer Laune heraus. Bevor Sie etwas kaufen, denken Sie gründlich darüber nach, ob es wirklich nötig ist.

Nr. 4: Sie leben über Ihren Verhältnissen

Viele Menschen leben über ihren Verhältnissen. Sie geben meist ihr ganzes Geld Monat für Monat aus oder sogar mehr, als sie zur Verfügung haben. Sie kaufen sich Dinge, die sie sich nicht leisten können und das immer wieder und wieder. Seien Sie schlau und machen Sie genau das Gegenteil. Leben Sie unter Ihren Verhältnissen und geben Sie weniger Geld aus als Sie einnehmen. So bleibt immer genug Geld zur Verfügung.

Nr. 5: Sie verschieben das Sparen immer auf morgen

Verschieben Sie das Sparen nicht auf morgen. Je früher Sie anfangen zu sparen, umso mehr macht sich der Zinseszinseffekt bemerkbar. Angenommen Sie fangen mit 20 Jahren an, monatlich 50,00 EUR zu sparen. Dann hätten Sie bei einer jährlichen Rendite von 8 % mit 40 Jahren (Sparzeit 20 Jahre) 28.600,00 EUR angespart

(Zinsgewinn 16.600,00 EUR). Angenommen, Sie fangen nun erst mit mit 30 Jahren an, monatlich 50,00 EUR zu sparen. Dann hätten Sie bei einer jährlichen Rendite von 8 % mit 40 Jahren (Sparzeit 10 Jahre) 9.000,00 EUR angespart (Zinsgewinn 3.000,00 EUR). Sie sehen den Unterschied.

Nr. 6: Sie setzten sich keine Ziele

Setzen Sie sich ein klares Ziel, egal in welchem Bereich. Ob Schuldenabbau, Vermögensaufbau oder finanzielle Freiheit. „Ich möchte in 10 Jahren 50.000,00 EUR angespart haben". Das ist ein klares Ziel. Ohne Zielsetzung kommen Sie nicht richtig voran. Unser Gehirn ist eine wunderbare Waffe. Wenn Sie ihm genaue Ziele geben, werden sich Ihre Gedankengänge ändern. Sie werden völlig andere Möglichkeiten sehen und andere Entscheidungen treffen. Probieren Sie es aus. Setzen Sie sich ein Ziel und merken Sie, wie sich Ihr Denken verändert.

Nr. 7: Sie spenden nicht

Dieser Punkt hat nicht wirklich viel mit Sparen oder finanzieller Freiheit zu tun, ist jedoch äußerst wichtig. Vergessen Sie bei all dem Sparen und Vermögensaufbau bitte nicht die armen Leute und Kinder dieser Welt. Es gibt so viele Menschen die den Hungertod sterben, während wir uns über unsere Luxusprobleme den Kopf zerbrechen. Schauen Sie nicht weg und planen Sie wenigstens einen Teil Ihres Einkommens für die armen Leute unseres Planeten ein.

Nr. 8: Sie informieren sich nicht über Ihre Investments

Bevor Sie in irgendeine Anlagenklasse investieren, informieren Sie sich bitte gründlich über alles, was Sie in Erfahrung bringen können. Wenn Sie sich nicht mit der Materie auskennen, in der Sie investieren wollen, lassen Sie die Finger davon. Am Ende machen Sie große Fehler und verlieren Ihr hart erspartes Geld. Und wenn ein Bekannter zu Ihnen kommt mit folgender Aussage: „Hast du schon gehört? Du musst unbedingt in die XY-Aktie investieren. Die Aktie schießt in der nächsten Zeit durch die Decke." Dann hören Sie bitte weg. Treffen Sie keine Investmententscheidungen, nur weil Ihnen ein Bekannter dazu geraten hat. Informieren Sie sich vorher darüber. Wenn Sie anschließend der gleichen Meinung sind wie Ihr Freund, dann können Sie investieren. Aber Sie müssen wirklich zu 100 % überzeugt sein.

Nr. 9: Sie lassen das Geld verdienen außer Acht

Viele Menschen fokussieren Ihren Blick zu sehr auf das Sparen. Lenken Sie Ihre Aufmerksamkeit doch auch einmal auf das Geld verdienen. Je mehr Geld Sie verdienen, umso mehr können Sie am Ende sparen. Machen Sie Fortbildungen, besuchen Sie Seminare, lesen Sie viele Fach- und Sachbücher, entwickeln Sie sich weiter und suchen Sie immer nach neuen Möglichkeiten. Bleiben Sie nicht auf der faulen Haut liegen, sondern tun Sie etwas.

Nr. 10: Sie haben nur eine Einnahmequelle

Versuchen Sie, sich so viele Einnahmequellen wie möglich zu schaffen. Je mehr Einnahmequellen Sie besitzen, desto mehr Geld bekommen Sie und desto abgesicherter sind Sie im Falle einer Krise. Suchen Sie nach allen Möglichkeiten, die Sie finden. Vielleicht können Sie ja mit Ihrem Hobby ein kleines Nebeneinkommen generieren. Lassen Sie Ihrer Fantasie freien Lauf.

7. Schlusswort

Ich danke allen Lesern, dass Sie sich dieses Buch gekauft haben und wünsche mir, dass ich Ihnen helfen konnte, zukünftig klüger und gezielter mit Ihren Finanzen umzugehen, und dass Sie das gesammelte Wissen nun Tag für Tag aktiv in Ihrem Alltag sinnvoll verwenden können.

Sollten Sie zufrieden sein, würde ich mich über eine positive Rückmeldung oder Bewertung herzlich freuen. Ich wünsche Ihnen alles Gute auf Ihrem Weg zur finanziellen Freiheit!

8. Vorlagen

Vorlage für Ihren Schuldenplan:

Nr. 1

Name des Gläubigers	Gesamtsumme der Verpflichtung	Zahlungsziel	Rate

Nr. 2

Name des Gläubigers	Gesamtsumme der Verpflichtung	Zahlungsziel	Rate

Nr. 3

Name des Gläubigers	Gesamtsumme der Verpflichtung	Zahlungsziel	Rate

Nr. 4

Name des Gläubigers	Gesamtsumme der Verpflichtung	Zahlungsziel	Rate

Vorlage für Ihren Finanzplan:

Nr. 1

Einnahmen

Summe Einnahmen	

Ausgaben

Wohnung und Hauskosten	

Schulden/Kredite	
Mobilität	

Lebensführung		
Summe der Lebensführung		€
Sonstige Kosten		

Sonstige Versicherungen	
Summe Ausgaben	

Differenz Einnahmen und Ausgaben	

Sparen	
Langfristig	
Mittelfristig	
Kurzfristig	

Restgeld	

Restgeld = Spaßgeld	

Nr. 2

Einnahmen

Summe Einnahmen	

Ausgaben

Wohnung und Hauskosten	

Schulden/Kredite	
Mobilität	

Lebensführung	
Summe der Lebensführung	----------- €
Sonstige Kosten	

Sonstige Versicherungen	
Summe Ausgaben	

Differenz Einnahmen und Ausgaben	

Sparen	
Langfristig	
Mittelfristig	
Kurzfristig	

Restgeld	

Restgeld = Spaßgeld	

Nr. 3

Einnahmen

Summe Einnahmen	

Ausgaben

Wohnung und Hauskosten	

Schulden/Kredite	
Mobilität	

Lebensführung	
Summe der Lebensführung	----------- €
Sonstige Kosten	

Sonstige Versicherungen	
Summe Ausgaben	

Differenz Einnahmen und Ausgaben	

Sparen	
Langfristig	
Mittelfristig	
Kurzfristig	

Restgeld	

Restgeld = Spaßgeld	

Nr. 4

Einnahmen

Summe Einnahmen	

Ausgaben

Wohnung und Hauskosten	

Schulden/Kredite	
Mobilität	

Lebensführung	
Summe der Lebensführung	---------- €
Sonstige Kosten	

Sonstige Versicherungen	
Summe Ausgaben	

Differenz Einnahmen und Ausgaben	

Sparen	
Langfristig	
Mittelfristig	
Kurzfristig	

Restgeld	

Restgeld = Spaßgeld	

www.ingramcontent.com/pod-product-compliance
Lightning Source LLC
Chambersburg PA
CBHW070111230526
45472CB00004B/1213